PRESENTACIÓN

INTRODUCCIÓN A ESG Y SU IMPORTANCIA

EL PAPEL DE LA COMUNICACIÓN EN ESG

PREPARACIÓN PARA LA CONSULTORÍA ESG

PROSPECCIÓN DE CLIENTES CONSCIENTES

ANÁLISIS INICIAL DE LA EMPRESA CLIENTE

DESARROLLO DE UNA ESTRATEGIA DE COMUNICACIÓN ESG

NARRATIVAS EFICACES EN COMUNICACIÓN ESG

CANALES DE COMUNICACIÓN PARA MENSAJES ESG

PARTICIPACIÓN DE LAS PARTES INTERESADAS

MEDICIÓN DEL IMPACTO DE LA COMUNICACIÓN ASG

INFORMES ESG TRANSPARENTES Y CREÍBLES

GESTIÓN DE CRISIS Y COMUNICACIÓN ASG

COMUNICACIÓN INTERNA SOBRE PRÁCTICAS ESG

USO DE TECNOLOGÍA EN COMUNICACIÓN ESG

ASOCIACIONES ESTRATÉGICAS PARA AMPLIAR ESG

FORMACIÓN DE PORTAVOZES DE ESG

MARKETING DE CONTENIDOS Y ESG

EVENTOS E INICIATIVAS ESG

COMUNICACIÓN VISUAL Y ESG

ADAPTACIÓN DE LA COMUNICACIÓN ASG AL CONTEXTO GLOBAL

DESAFÍOS COMUNES EN LA COMUNICACIÓN ESG

TENDENCIAS FUTURAS EN COMUNICACIÓN ASG

CONSTRUYENDO UNA CARRERA EN CONSULTORÍA ESG

EL CAMINO HACIA UNA COMUNICACIÓN ASG EFECTIVA

REGINALDO OSNILDO

# PRESENTACIÓN

Bienvenido a " **Comunicar el valor de ESG: una guía práctica para consultores de estrategias de comunicación** ", su faro en el mundo cada vez más esencial de las prácticas ambientales, sociales y de gobernanza en las empresas. Si es un consultor o un profesional de la comunicación que busca no solo comprender, sino también implementar y mejorar estrategias de comunicación efectivas que eleven el perfil ESG de empresas comprometidas, este libro es para usted.

En esta guía, decidí reunir no sólo el conocimiento acumulado a través de estudios y prácticas reconocidas, sino también mi percepción actualizada de lo que realmente funciona en el dinámico panorama corporativo actual. Mi objetivo es hacer que tu viaje no sólo sea informativo, sino también práctico y directamente aplicable a tus necesidades y las de las empresas con las que trabajas. Aquí encontrará un camino claro y adaptable para garantizar que todas las partes interesadas no solo comprendan, sino que también valoren y apoyen las iniciativas ESG.

A través de capítulos cuidadosamente estructurados, este libro cubrirá todo, desde la introducción del concepto de ESG y su innegable importancia en el mundo corporativo actual, hasta cómo desarrollar e implementar estrategias de comunicación que realmente resuenen. Cada capítulo está diseñado para ser completo en sí mismo, ofreciéndole conocimientos valiosos y acciones prácticas, fomentando siempre la exploración del siguiente paso en ese viaje.

A medida que avance en cada capítulo, se le invitará a reflexionar sobre cómo estas estrategias se pueden adaptar y personalizar para satisfacer las necesidades específicas de cada empresa, centrándose siempre en el impacto positivo que una comunicación ESG eficaz puede generar. Desde la preparación como consultor ESG hasta la prospección de clientes conscientes, el desarrollo de narrativas efectivas y la participación de las partes interesadas, este libro es su guía completa.

Estamos en un momento en el que las prácticas ESG no son solo una opción, sino una necesidad urgente para las empresas que quieren prosperar y ser reconocidas como líderes responsables en el escenario global. Por eso, te invito a profundizar en esta guía práctica, enriquecer tus conocimientos y habilidades, y juntos, podremos transformar el panorama de la comunicación corporativa para un futuro más sostenible y justo.

Al final de esta guía, espero que no sólo esté equipado con las herramientas y el conocimiento para comunicar eficazmente los valores ESG, sino que también se sienta inspirado para ser un agente de cambio en las historias de éxito de las empresas y de la sociedad en su conjunto. Ahora, permíteme guiarte a través del primer paso de este apasionante viaje con el siguiente capítulo: " **INTRODUCCIÓN A ESG Y SU IMPORTANCIA** ". Este capítulo no solo sentará las bases para todo lo que sigue, sino que también iluminará el profundo impacto que las prácticas ESG bien comunicadas pueden tener en el mundo empresarial y más allá.

¿Entonces, estás listo para comenzar? Avancemos, exploremos y demos forma juntos al futuro de la comunicación ESG.

Tuyo sinceramente

Reginaldo Osnildo

# INTRODUCCIÓN A ESG Y SU IMPORTANCIA

En el mundo empresarial actual, el término ESG (Environmental, Social and Governance) se ha convertido en más que un simple acrónimo; representa un conjunto de prácticas que reflejan el compromiso de las empresas con la sostenibilidad y la responsabilidad social. Este capítulo tiene como objetivo ofrecerle, querido lector, una comprensión integral de qué es ESG, destacando su creciente relevancia y el impacto significativo que tiene en la percepción de la marca en el entorno empresarial actual.

¿QUÉ ES ESG?

ESG es un criterio utilizado para evaluar el grado en que una organización trabaja concienzudamente en relación con cuestiones ambientales, sociales y de gobernanza.

- **Ambiental** se refiere a las prácticas que adopta una empresa para preservar el medio ambiente, incluida la gestión de recursos naturales, la reducción de emisiones de carbono y la sostenibilidad.

- **Social** se refiere a la forma en que la empresa trata a las personas, desde las condiciones laborales de sus empleados hasta el impacto de sus productos y servicios en la comunidad.

- **La gobernanza** implica transparencia en las operaciones de la empresa, ética en la realización de negocios y la composición de su liderazgo.

LA IMPORTANCIA DE ESG EN EL MUNDO CORPORATIVO ACTUAL

No se puede subestimar la importancia de los criterios ESG en el panorama empresarial contemporáneo. Los inversores, consumidores y empleados son cada vez más conscientes de las cuestiones ESG y exigen que las empresas no solo busquen ganancias, sino que también contribuyan positivamente al mundo. Esto se traduce en una serie de beneficios tangibles para las empresas que adoptan prácticas ESG, que incluyen:

- **Atraer inversiones:** los inversores asignan cada vez más recursos a empresas con sólidas prácticas ESG, entendiendo que estos criterios son indicativos de sostenibilidad a largo plazo y menor riesgo.

- **Fidelización del cliente:** Los consumidores prefieren cada vez más productos y servicios de empresas que demuestren preocupación por las cuestiones medioambientales y sociales, lo que influye positivamente en la percepción de la marca.

- **Atracción y retención de talento:** Los empleados, especialmente las generaciones más jóvenes, buscan trabajar en organizaciones que reflejen sus valores, lo que hace que las prácticas ESG sean un factor crucial para atraer y retener talento.

EL IMPACTO EN LA PERCEPCIÓN DE MARCA

El compromiso con ESG tiene un profundo impacto en la forma en que se perciben las marcas en el mercado. Una estrategia ESG bien implementada y comunicada eficazmente puede transformar la imagen de una empresa, posicionándola como un líder consciente y responsable. Esto no sólo fortalece la lealtad de los clientes existentes, sino que también atrae nuevos clientes que valoran la sostenibilidad y la responsabilidad social.

Al comprender qué es ESG y su importancia fundamental en el mundo empresarial, ahora estará preparado para profundizar en la intrincada relación entre ESG y la comunicación. En el próximo capítulo, " **EL PAPEL DE LA COMUNICACIÓN EN ESG** ", exploraremos cómo las estrategias de comunicación efectivas son vitales para promover e informar sobre las iniciativas ESG de una empresa. Aprenderá cómo una comunicación clara e impactante no solo eleva el perfil ESG de una empresa, sino que también involucra a las partes interesadas en un diálogo significativo y constructivo sobre prácticas sostenibles.

A medida que avancemos, recuerde: el conocimiento ESG no es sólo teórico. Es una poderosa herramienta para marcar la diferencia en el mundo empresarial, creando valor no sólo económico, sino también social y ambiental. Demos juntos el siguiente paso en este viaje transformador.

# EL PAPEL DE LA COMUNICACIÓN EN ESG

En el camino hacia una actuación empresarial más consciente y responsable, la comunicación adquiere un papel protagonista. Este capítulo está dedicado a explorar la importancia vital de estrategias de comunicación efectivas para promover e informar sobre las iniciativas ESG de una empresa. Descubriremos cómo la comunicación no solo amplifica el impacto de estas iniciativas, sino que también fortalece la conexión entre las empresas y sus partes interesadas, abriendo caminos para el entendimiento mutuo y el compromiso significativo.

LA COMUNICACIÓN COMO PUENTE

En el corazón de ESG está la necesidad de crear un diálogo transparente y continuo entre las empresas y los diferentes grupos de interés: desde inversores y consumidores hasta el propio equipo interno y la comunidad circundante. La comunicación efectiva sirve como puente, permitiendo que las iniciativas ESG no solo se implementen, sino que también sean reconocidas, valoradas y apoyadas por todos.

TRANSMITIR VALORES ESG

Transmitir los valores ESG de una empresa es una tarea que va más allá de simples informes o anuncios. Requiere una estrategia de comunicación cuidadosamente planificada y ejecutada capaz de:

- **Articular claramente los objetivos ESG:** Es fundamental que los objetivos ESG de la empresa se comuniquen de forma clara y comprensible, evitando la jerga y haciéndolos relevantes para diferentes públicos.

- **Demostrar compromiso a través de historias:** las personas se conectan con las historias. Presentar iniciativas ESG a través de narrativas atractivas ayuda a demostrar el compromiso de la empresa de una manera tangible y memorable.

- **Fomentar el diálogo y la retroalimentación:** La

comunicación sobre ESG debe ser bidireccional, fomentando la retroalimentación y el diálogo con los grupos de interés. Esto no sólo aumenta la transparencia sino que también promueve un sentido de participación y pertenencia.

## SUPERAR DESAFÍOS EN LA COMUNICACIÓN ESG

Uno de los principales desafíos en la comunicación ESG es evitar la percepción de "lavado verde", la práctica de hacer afirmaciones engañosas sobre cuán verdes son las prácticas de una empresa. Para superar esto, es esencial que la comunicación se base en acciones concretas, evidencia y resultados mensurables. Esto requiere:

- **Transparencia:** Sea abierto sobre los éxitos y, igualmente importante, sobre las áreas que necesitan mejorar.

- **Coherencia:** Mantener una comunicación consistente sobre las iniciativas ESG, integrándolas en todas las plataformas y puntos de contacto con las partes interesadas.

- **Credibilidad:** Mensajes de soporte con datos verificables y, cuando sea posible, certificaciones o evaluaciones de terceros.

Dominar el arte de la comunicación ESG es un paso crucial para cualquier profesional involucrado en consultoría o estrategia de comunicación para empresas comprometidas con prácticas responsables. Sin embargo, para aplicar estas estrategias de manera efectiva, es esencial primero comprender y prepararse adecuadamente para el rol de consultor ESG.

En el próximo capítulo, " **PREPARACIÓN PARA LA CONSULTORÍA ESG** ", profundizaremos en el mundo de la preparación y formación necesaria para convertirnos en un consultor ESG líder. Descubrirá valiosos consejos sobre capacitación, habilidades necesarias y comprensión del mercado que son clave para guiar a las empresas en la implementación y comunicación de sus iniciativas ESG.

A medida que avanzamos, recuerde: una comunicación ESG eficaz no consiste solo en transmitir información, sino también en generar confianza, inspirar acciones y moldear percepciones. Juntos, descubramos cómo puede convertirse en un catalizador de cambios positivos utilizando la comunicación para amplificar el impacto de las prácticas ESG.

# PREPARACIÓN PARA LA CONSULTORÍA ESG

Convertirse en un consultor ESG calificado es un viaje que exige no solo una comprensión profunda de las cuestiones ambientales, sociales y de gobernanza, sino también un conjunto sólido de habilidades de comunicación y estrategia. Este capítulo está dedicado a guiarlo a través de los pasos esenciales para prepararse para esta carrera desafiante y gratificante, enfocándose en la capacitación, las habilidades necesarias y la comprensión del mercado. En última instancia, estará mejor equipado para ayudar a las empresas a desarrollar y comunicar sus iniciativas ESG de forma eficaz.

## ANTECEDENTES Y FORMACIÓN

La base para una carrera exitosa en consultoría ESG comienza con una sólida formación educativa. Esto no significa necesariamente que necesites un título específico en ESG (aunque los cursos especializados pueden ser muy valiosos), sino que debes seguir una educación que cubra los tres pilares de ESG:

- **Ambiental:** Conocimientos de sostenibilidad, ciencias ambientales y políticas medioambientales.

- **Social:** Estudios en derechos humanos, trabajo social, desarrollo comunitario y ética empresarial.

- **Gobernanza:** Formación en derecho corporativo, ética de gestión y transparencia empresarial.

Además de la formación académica, participar en talleres, seminarios y cursos en línea de ESG puede complementar su aprendizaje y mantenerlo actualizado con las últimas prácticas y regulaciones.

## HABILIDADES REQUERIDAS

Para ser un consultor ESG eficaz, necesitará un conjunto diverso de habilidades, que incluyen:

- **Análisis crítico:** Capacidad de evaluar críticamente las prácticas ESG de una empresa, identificando áreas de fortaleza y puntos que necesitan mejora.

- **Comunicación:** Unas habilidades de comunicación excepcionales son esenciales, tanto para transmitir las complejidades ESG de una manera clara y comprensible, como para construir relaciones de confianza con las partes interesadas.

- **Estrategia y planificación:** Competencia para desarrollar estrategias de comunicación ESG que estén alineadas con los objetivos de negocio de la compañía y que involucren de manera efectiva a los stakeholders.

ENTENDIENDO EL MERCADO

Es fundamental tener un conocimiento profundo del mercado y de las tendencias actuales en materia ESG. Esto incluye estar al tanto de las regulaciones locales y globales, comprender las expectativas de los consumidores y conocer las mejores prácticas de la industria. Manténgase informado a través de informes de sostenibilidad, publicaciones especializadas y participando en redes y foros ESG.

Ahora que comprende los conceptos básicos de la preparación para convertirse en consultor ESG, el siguiente capítulo, " **PROSPECCIÓN DE CLIENTES CONSCIENTES** ", lo guiará sobre cómo identificar y acercarse a clientes potenciales que valoran o necesitan mejorar sus prácticas ESG. Este paso es vital para aplicar tus habilidades y conocimientos, impactando positivamente el mundo corporativo a través de ESG.

A medida que avancemos, recuerde: cada empresa tiene sus propias necesidades y desafíos en materia de ESG. Tu capacidad para adaptarte, comprender y ofrecer soluciones personalizadas será la clave del éxito. Exploremos juntos cómo puede conectarse de manera efectiva con estos clientes y marcar una diferencia real a través de su trabajo en consultoría ESG.

# PROSPECCIÓN DE CLIENTES CONSCIENTES

Prospectar clientes que valoren las prácticas ESG es un paso crucial para los consultores de estrategias de comunicación centradas en ESG. Este capítulo tiene como objetivo brindarle estrategias efectivas para identificar y acercarse a estos clientes potenciales, que son esenciales para el éxito de su carrera como consultor ESG. La clave es comprender no sólo dónde encontrar a estos clientes, sino también cómo comunicarse con ellos de manera que resuenen con sus valores y necesidades.

IDENTIFICAR CLIENTES POTENCIALES

Los clientes potenciales de consultoría ESG pueden variar desde nuevas empresas innovadoras que buscan construir una base sólida en prácticas sostenibles hasta grandes corporaciones que buscan mejorar sus iniciativas ESG existentes. Identificar a estos clientes implica:

- **Investigación de mercado:** utilizar herramientas de investigación de mercado para identificar industrias y empresas que están invirtiendo en sostenibilidad y responsabilidad social.

- **Redes sociales y foros especializados:** plataformas como LinkedIn, así como foros y grupos dedicados a prácticas sustentables, son excelentes lugares para encontrar empresas comprometidas con temas ESG.

- **Eventos y conferencias ESG:** asistir a eventos centrados en la sostenibilidad y la responsabilidad social puede ofrecer valiosas oportunidades de networking.

ENFOQUE EFECTIVO

Después de identificar a los clientes potenciales, el siguiente paso es acercarse a ellos de forma eficaz. A continuación se ofrecen algunos consejos para garantizar que su enfoque sea exitoso:

- **Personaliza tu mensaje:** demuestra que has hecho tu tarea. Personalice su mensaje destacando cómo su experiencia y servicios pueden ayudar a la empresa a alcanzar sus objetivos ESG específicos.

- **Enfatizar los beneficios tangibles:** Las empresas están interesadas en los resultados. Resalte los beneficios tangibles de una estrategia ESG eficaz, como mejorar la reputación de la marca, atraer inversiones y reducir los costos operativos.

- **Muestre historias de éxito:** si es posible, comparta estudios de casos o ejemplos de éxito en los que ayudó a otras empresas a mejorar sus prácticas ESG. Esto puede aumentar su credibilidad y la confianza de los clientes potenciales en sus servicios.

ESTABLECIENDO RELACIONES DE CONFIANZA

La construcción de una relación de confianza comienza con el primer contacto. Ser transparente, demostrar un conocimiento profundo de ESG y mostrar compromiso con el éxito del cliente son claves para establecer una asociación sólida. Recuerde, la consultoría ESG es un viaje conjunto; Demostrar que invierte a largo plazo puede diferenciarlo en el mercado.

Con una comprensión clara de cómo prospectar y acercarse a clientes conscientes, ahora estará más preparado para sumergirse en el análisis inicial de las empresas clientes. En el próximo capítulo, " **ANÁLISIS INICIAL DE LA EMPRESA CLIENTE** ", exploraremos cómo realizar un análisis detallado de las prácticas ESG actuales y las necesidades de comunicación de la empresa. Esta fase es fundamental para desarrollar estrategias personalizadas y efectivas que realmente resuenan con los valores y objetivos de su cliente.

A medida que avanzamos, recuerde que la prospección es sólo el comienzo. La capacidad de comprender profundamente las necesidades y desafíos específicos de cada cliente es lo que le permitirá marcar una diferencia significativa a través de su trabajo de consultoría ESG. Sigamos juntos este viaje, preparando el terreno para estrategias de comunicación que no sólo informen, sino que inspiren y transformen.

# ANÁLISIS INICIAL DE LA EMPRESA CLIENTE

Después de una prospección exitosa y de establecer un primer contacto con clientes potenciales conscientes, el siguiente paso esencial para el consultor ESG es realizar un análisis inicial detallado de las prácticas ESG de la empresa cliente y sus necesidades de comunicación. Este capítulo lo guiará sobre cómo realizar este análisis de manera efectiva, identificando áreas de fortaleza, oportunidades de mejora y estrategias de comunicación que alineen las iniciativas ESG de la empresa con su marca y sus objetivos comerciales.

ENTENDIENDO LA CULTURA CORPORATIVA Y LAS PRÁCTICAS EXISTENTES

El primer paso en el análisis inicial es profundizar en la cultura corporativa de la empresa y las prácticas ESG existentes. Esto involucra:

- **Revisión de la documentación existente:** comience revisando los informes anuales, los informes de sostenibilidad, las políticas internas y cualquier otra documentación relevante que pueda proporcionar información sobre las prácticas ESG actuales de la empresa.

- **Entrevistas con partes interesadas clave:** realizar entrevistas con miembros del equipo de liderazgo, empleados y otras partes interesadas para comprender sus percepciones y experiencias relacionadas con las iniciativas ESG de la empresa.

EVALUACIÓN DE LA ALINEACIÓN ESTRATÉGICA

El análisis también debe centrarse en cómo las prácticas ESG actuales están alineadas con la estrategia global de comunicación y negocios de la empresa. Las preguntas clave incluyen:

- **¿Están los objetivos ESG claramente definidos e integrados en los objetivos comerciales de la empresa?**

- **¿Existen brechas entre las prácticas ESG declaradas y las** acciones reales de la empresa?

- ¿Cómo se comunican actualmente las iniciativas ESG a las partes interesadas internas y externas?

IDENTIFICAR OPORTUNIDADES Y DESAFÍOS

Con base en la comprensión de la cultura corporativa y el alineamiento estratégico, identificar oportunidades para reforzar las prácticas ESG de la empresa y mejorar su comunicación. Esto puede incluir:

- **Oportunidades de innovación:** Áreas donde la empresa puede implementar nuevas prácticas o proyectos ESG para mejorar su desempeño ambiental y social.

- **Desafíos de comunicación:** Puntos donde la comunicación actual puede no lograr transmitir de manera efectiva las iniciativas ESG de la empresa, ya sea por falta de claridad, inconsistencia o falta de compromiso con las partes interesadas.

PREPARAR UN PLAN DE ACCIÓN

Con base en su análisis, desarrolle un plan de acción inicial que aborde tanto las mejoras en las prácticas ESG como las estrategias de comunicación. Este plan debe:

- **Priorizar áreas de acción:** Identificar qué áreas requieren atención inmediata y cuáles pueden abordarse en el mediano y largo plazo.

- **Definir objetivos claros:** Establecer objetivos específicos, medibles, alcanzables, relevantes y con plazos determinados (SMART) para cada área de acción.

- **Recomendar estrategias de comunicación:** Sugerir métodos efectivos para comunicar mejoras e iniciativas ESG, tanto interna como externamente.

Con un conocimiento profundo de las prácticas ESG de su

empresa cliente y un plan de acción inicial en mano, ahora está preparado para avanzar hacia el desarrollo de una estrategia de comunicación ESG personalizada. En el próximo capítulo, " **DESARROLLO DE UNA ESTRATEGIA DE COMUNICACIÓN ESG** ", exploraremos cómo crear una estrategia que no solo alinee las prácticas ESG de la empresa con sus objetivos comerciales, sino que también involucre efectivamente a todas las partes interesadas en el proceso.

Este capítulo será esencial para transformar su análisis inicial en acciones concretas que promuevan un cambio positivo. A medida que avanzamos, recuerde que el análisis es sólo el comienzo. El verdadero arte de la consultoría ESG radica en la capacidad de utilizar estos conocimientos para inspirar e implementar estrategias que marquen una diferencia real en el mundo.

# DESARROLLO DE UNA ESTRATEGIA DE COMUNICACIÓN ESG

Después de un análisis inicial en profundidad de las prácticas ESG y las necesidades de comunicación de la empresa cliente, el siguiente paso crucial es desarrollar una estrategia de comunicaciones ESG que no solo alinee las prácticas de la empresa con sus objetivos comerciales, sino que también involucre efectivamente a todas las partes interesadas en este proceso. Este capítulo proporcionará una guía paso a paso para crear una estrategia de comunicación ESG integral y eficaz.

DEFINICIÓN DE OBJETIVOS CLAROS DE COMUNICACIÓN ASG

El punto de partida de cualquier estrategia de comunicación eficaz es establecer objetivos claros y mensurables. Pregúntese:

- **¿Qué espera conseguir la empresa con su comunicación ESG?**

- **¿Qué mensajes específicos necesita comunicar?**

- **¿Cómo se alinean estos objetivos con sus objetivos comerciales generales y sus prácticas ESG?**

Estos objetivos pueden variar desde generar conciencia sobre iniciativas ESG específicas hasta mejorar la percepción de la marca o involucrarse más profundamente con las partes interesadas.

MAPEO DE ACTORES INTERESADOS

Comprender quiénes son sus partes interesadas y qué valoran es crucial para desarrollar una estrategia de comunicación eficaz. Eso incluye:

- **Empleados,** que pueden estar motivados para contribuir más activamente a las iniciativas ESG de la empresa.

- **Clientes**, cuyas preferencias de compra pueden verse influenciadas por una comunicación efectiva de las prácticas ESG.

- **Los inversores,** que buscan cada vez más invertir en empresas con sólidas credenciales ESG.

- **Comunidad local** y **socios comerciales,** que pueden verse afectados o beneficiarse de las prácticas ESG de la empresa.

DESARROLLO DEL MENSAJE

La esencia de cualquier estrategia de comunicación ESG es el mensaje que transmite. Los mensajes deben ser:

- **Claro y coherente:** evite la jerga y asegúrese de que todos los públicos comprendan fácilmente los mensajes.

- **Auténtico:** Garantizar que los mensajes reflejen las verdaderas prácticas ESG de la empresa y evitar el riesgo de "greenwashing".

- **Adaptable:** Personaliza mensajes para diferentes públicos, manteniendo constante la esencia del mensaje.

Elegir los canales de comunicación adecuados

La selección de canales de comunicación es esencial para llegar a las partes interesadas de manera efectiva. Esto puede incluir:

- **Informes anuales y de sostenibilidad**

- **Medios de comunicación social**

- **Boletines internos y externos.**

- **Eventos y talleres**

Cada canal tiene sus propios puntos fuertes y debe elegirse en función del público objetivo y los objetivos de comunicación.

MEDICIÓN Y AJUSTE

Finalmente, es vital establecer métricas claras para medir el éxito de su estrategia de comunicación ESG y estar dispuesto a ajustarla según sea necesario. Esto puede incluir análisis de participación en las redes sociales, encuestas de satisfacción de clientes o empleados y cobertura de los medios.

Con una estrategia de comunicaciones ESG desarrollada y lista para implementar, el siguiente paso es garantizar que las narrativas creadas sean auténticas, atractivas y, sobre todo, efectivas para resaltar las iniciativas ESG de la empresa de una manera que resuene en todas las partes interesadas. En el próximo capítulo, " **NARRATIVAS EFECTIVAS EN LA COMUNICACIÓN ESG** ", profundizaremos en técnicas para contar historias que no solo informen, sino que también inspiren y movilicen acciones, llevando la comunicación ESG a un nuevo nivel.

Recuerde: una estrategia de comunicación ESG no es un documento estático, sino un plan vivo que debe evolucionar junto con las iniciativas ESG de la empresa y las expectativas de las partes interesadas. A medida que avanzamos, manténgase flexible, adaptable y siempre atento a oportunidades para mejorar su estrategia y garantizar el mayor impacto posible.

# NARRATIVAS EFICACES EN COMUNICACIÓN ESG

El arte de contar historias es una herramienta poderosa para comunicar iniciativas ESG. Las historias auténticas y bien construidas tienen el potencial de conectar emocionalmente, educar y motivar a la acción entre las partes interesadas. Este capítulo está dedicado a explorar cómo crear y utilizar narrativas efectivas que destaquen las prácticas ESG de una empresa de manera que realmente resuenen en su audiencia.

LA IMPORTANCIA DE LA AUTENTICIDAD

En el centro de cualquier narrativa ESG eficaz está la autenticidad. Las historias deben reflejar los verdaderos valores de la empresa y demostrar un compromiso genuino con prácticas sostenibles y responsables. Para lograrlo, es crucial:

- **Basar narrativas en hechos y acciones reales:** Las historias deben basarse en iniciativas ESG concretas y resultados medibles, evitando exageraciones o falsas promesas.

- **Mostrar vulnerabilidad:** admitir desafíos y áreas de mejora puede aumentar la credibilidad y la confianza con las partes interesadas.

CONSTRUYENDO TU NARRATIVA

Una narrativa ESG eficaz generalmente sigue una estructura narrativa clásica, que consiste en:

- **Contexto:** establece el escenario e introduce la importancia de las iniciativas ESG.

- **Desafío:** Presenta un problema o desafío que enfrentó la empresa en relación a temas ESG.

- **Acción:** Describe las acciones tomadas por la empresa para abordar el desafío.

- **Resultado:** Muestra los resultados e impactos positivos de las acciones de la empresa, tanto para el negocio como para la sociedad y el medio ambiente.

- **Visión de futuro:** señala iniciativas futuras y cómo la empresa planea continuar con su compromiso con las prácticas ESG.

INVOLUCRAR A LOS GRUPOS DE INTERÉS

Las narrativas ESG más poderosas son aquellas que pueden involucrar significativamente a las partes interesadas. Esto se puede lograr mediante:

- **Personalización:** adapte sus historias para que resuenen con diferentes grupos de partes interesadas, teniendo en cuenta sus intereses y preocupaciones.

- **Interactividad:** Fomentar la participación de las partes interesadas en las narrativas, ya sea a través de comentarios en plataformas de redes sociales, participación en eventos o contribuciones a proyectos de sostenibilidad.

- **Visualización:** utilice imágenes, vídeos e infografías para hacer que las historias sean más atractivas y fáciles de entender.

MEDIR EL IMPACTO DE LA NARRATIVA

Evaluar la eficacia de sus narrativas ESG es fundamental para comprender su impacto e identificar áreas de mejora. Esto se puede hacer a través de:

- **Comentarios de las partes interesadas:** recopile comentarios directos a través de encuestas o sesiones de comentarios.

- **Análisis de participación:** supervise la participación con sus historias en las plataformas de redes sociales y otros canales de comunicación.

- **Impacto en el comportamiento:** observe cualquier cambio en el comportamiento o las percepciones de las partes interesadas que puedan atribuirse a las narrativas.

Con una comprensión profunda de cómo construir y utilizar narrativas ESG efectivas, el próximo capítulo, " **CANALES DE COMUNICACIÓN PARA MENSAJES ESG** ", explorará la selección y el uso efectivo de canales de comunicación para difundir sus historias. Cada canal ofrece oportunidades únicas para llegar e involucrar a su público objetivo de manera efectiva.

Recuerde: las narrativas poderosas son aquellas que no sólo informan, sino que también inspiran. A medida que avanza, considere cómo cada historia que cuente puede contribuir a una comprensión más profunda y un mayor apoyo a las iniciativas ESG de su empresa, impulsando cambios positivos dentro y fuera de la organización.

# CANALES DE COMUNICACIÓN PARA MENSAJES ESG

Seleccionar y utilizar eficazmente los canales de comunicación adecuados es esencial para garantizar que sus mensajes ESG lleguen e involucren a las partes interesadas de manera efectiva. Cada canal tiene sus particularidades y puede ser más adecuado para determinado tipo de mensajes o públicos objetivo. Este capítulo cubrirá cómo elegir los canales adecuados para sus estrategias de comunicación ESG y cómo maximizar su impacto.

EVALUACIÓN DE CANALES DE COMUNICACIÓN

La selección de canales debe comenzar con una evaluación cuidadosa de su público objetivo y de sus objetivos de comunicación. Algunos de los canales más comunes incluyen:

- **Informes anuales y de sostenibilidad:** Ideales para comunicar de forma integral el desempeño ESG de la empresa a inversores y otras partes interesadas.

- **Redes sociales:** Excelentes para llegar a una audiencia amplia y diversa, permitiendo interactividad y participación directa.

- **Web corporativa:** Punto central donde alojar información detallada sobre las prácticas ESG de la compañía, accesible a todos los stakeholders.

- **Boletines informativos:** útiles para mantener informados a las partes interesadas internas y externas sobre actualizaciones periódicas sobre iniciativas ESG.

- **Seminarios web y eventos virtuales:** Proporcionar una plataforma para debates en profundidad sobre temas ESG, promoviendo la educación y el compromiso de las partes interesadas.

MAXIMIZANDO EL IMPACTO DE LOS CANALES DE COMUNICACIÓN

Para cada canal seleccionado, considere las siguientes estrategias para maximizar su impacto:

- **Personaliza el mensaje:** adapta tus mensajes a las especificidades y preferencias de la audiencia de cada canal.

- **Cree contenido de calidad:** invierta en contenido visual atractivo e historias interesantes que puedan captar la atención y transmitir el mensaje de manera efectiva.

- **Promueva la interacción:** fomente la retroalimentación y el diálogo con su audiencia, especialmente en plataformas interactivas como las redes sociales.

- **Mida el alcance y la participación:** utilice herramientas analíticas para monitorear el desempeño de sus comunicaciones en cada canal y ajuste sus estrategias según sea necesario.

## CONSIDERACIONES ÉTICAS Y DE TRANSPARENCIA

Al comunicar sobre ESG, es fundamental mantener un alto nivel de ética y transparencia. Esto significa:

- **Evite el lavado verde:** asegúrese de que sus mensajes sean honestos y reflejen con precisión las prácticas ESG de la empresa.

- **Sea claro y directo:** evite la jerga y comuníquese con claridad para garantizar que todos los públicos comprendan sus mensajes.

- **Difundir avances y desafíos:** Compartir tanto los éxitos como los desafíos enfrentados en las iniciativas ESG, promoviendo una imagen de autenticidad y confianza.

Con una estrategia sólida para seleccionar y utilizar canales de comunicación ESG, está listo para pasar a la siguiente etapa: la participación de las partes interesadas. En el próximo capítulo, " **COMPROMISO DE LAS PARTES INTERESADAS** ", exploraremos métodos eficaces para involucrar a diferentes grupos de partes interesadas, incluidos empleados, clientes, inversores y comunidades locales, en iniciativas ESG.

Recuerde: elegir y utilizar eficazmente los canales de comunicación es fundamental para garantizar que sus mensajes ESG no solo lleguen a su audiencia, sino que también resuenen en ella. A medida que avanzamos, piense en cómo se puede optimizar cada canal para crear conexiones más profundas y significativas con las partes interesadas, fomentando una comprensión y un apoyo más amplios para las iniciativas ESG de la empresa.

# PARTICIPACIÓN DE LOS INTERESADOS

La participación efectiva de las partes interesadas es fundamental para el éxito de las iniciativas ESG. Este capítulo explora métodos para involucrar a diversos grupos de partes interesadas (empleados, clientes, inversionistas y comunidades locales) asegurando que no solo comprendan, sino que también apoyen y participen activamente en las prácticas ESG de una empresa. Cada grupo tiene sus propias expectativas y necesidades, lo que requiere un enfoque personalizado para maximizar el compromiso.

EMPLEADOS: CULTIVANDO EMBAJADORES DE MARCA

- **Comunicación interna:** utilice canales de comunicación interna, como boletines informativos y reuniones de equipo, para compartir actualizaciones sobre iniciativas ESG y celebrar los logros.

- **Implicación en proyectos ESG:** Fomentar la participación de los empleados en proyectos ESG, permitiéndoles aportar ideas y liderar iniciativas.

- **Formación y educación:** Ofrecer formación periódica sobre la importancia de los ESG y cómo cada empleado puede desempeñar un papel activo.

CLIENTES: CONSTRUYENDO RELACIONES BASADAS EN VALORES

- **Comunicación clara:** Garantizar que la información sobre las prácticas ESG de la empresa sea fácilmente accesible y comprensible para los clientes, destacando cómo estas prácticas añaden valor a los productos o servicios.

- **Retroalimentación y diálogo:** Establecer canales para que los clientes compartan retroalimentación sobre iniciativas ESG, utilizando esta información para mejorar continuamente.

- **Campañas de concientización:** Desarrollar campañas que eduquen a los clientes sobre cuestiones ESG y cómo su apoyo marca la diferencia.

## INVERSORES: ALINEAR INTERESES PARA INVERSIONES SOSTENIBLES

- **Informes transparentes:** proporcione informes detallados y transparentes sobre el desempeño ESG, demostrando cómo se alinea con los objetivos a largo plazo y el potencial de retorno de la empresa.

- **Comunicación directa:** Mantener una línea de comunicación abierta con los inversores para discutir estrategias ESG y escuchar sus expectativas e inquietudes.

- **Demostración de valor:** Mostrar cómo las iniciativas ESG contribuyen a la resiliencia y sostenibilidad financiera de la empresa.

## COMUNIDADES LOCALES: FOMENTAR ASOCIACIONES POSITIVAS

- **Proyectos de impacto comunitario:** Participar en proyectos que beneficien directamente a las comunidades locales, ya sea a través de iniciativas ambientales o programas de desarrollo social.

- **Diálogo abierto:** Establecer foros para escuchar las inquietudes de las comunidades locales y buscar soluciones conjuntas a los problemas ESG.

- **Transparencia en las operaciones:** Ser transparente sobre el impacto de las operaciones de la empresa en la comunidad local y cómo se está trabajando para minimizarlo o transformarlo en un impacto positivo.

Con un enfoque estratégico para la participación de las partes interesadas, el siguiente paso es medir el impacto de estas estrategias de comunicación ESG. En el próximo capítulo, "**MEDIR EL IMPACTO DE LA COMUNICACIÓN ESG**", exploraremos herramientas y métricas para evaluar la efectividad de las estrategias de comunicación, permitiendo ajustes y mejoras continuas.

Recuerde: involucrar a las partes interesadas no se trata solo de informarles sobre las iniciativas ESG, sino también de inspirarlos a participar activamente en estas iniciativas. A medida que avanza, considere cómo cada interacción puede fortalecer su compromiso con las prácticas ESG y crear una red de apoyo ampliada para los objetivos de sostenibilidad de su empresa.

# MEDIR EL IMPACTO DE LA COMUNICACIÓN ESG

Para garantizar que las estrategias de comunicación ESG no solo sean efectivas, sino que también evolucionen y mejoren continuamente, es esencial medir su impacto. Este capítulo explora las herramientas y métricas que se pueden utilizar para evaluar la efectividad de las estrategias de comunicación ESG, permitiendo a las empresas ajustar sus enfoques de acuerdo con los resultados obtenidos.

DEFINICIÓN DE MÉTRICAS DE ÉXITO

El primer paso para medir el impacto de la comunicación ESG es definir métricas de éxito claras y objetivas. Estos pueden incluir:

- **Alcance y participación:** el análisis del alcance y la participación en las redes sociales, sitios web y boletines informativos proporciona información sobre cuánto se ven sus mensajes ESG y qué tan efectivos son para generar interacciones.

- **Cambios en la percepción de la marca:** las encuestas de percepción de la marca pueden ayudar a medir los cambios en cómo las partes interesadas ven a la empresa en relación con sus iniciativas ESG.

- **Comentarios directos:** los comentarios recopilados a través de encuestas, foros de discusión y otros canales directos pueden proporcionar una evaluación cualitativa del impacto de la comunicación ESG.

USO DE HERRAMIENTAS DE ANÁLISIS

Se pueden emplear varias herramientas analíticas para recopilar y analizar datos sobre el impacto de la comunicación ESG:

- **Herramientas de análisis de redes sociales:** le permite monitorear la participación, como me gusta, acciones, comentarios y vistas, ofreciendo información sobre cuánto resuenan los mensajes ESG entre el público.

- **Software de análisis de sitios web:** proporciona datos sobre los visitantes del sitio web, incluido el tiempo dedicado a páginas específicas relacionadas con ESG, tasas de rebote y conversiones, lo que le ayuda a comprender el interés de los visitantes en las iniciativas ESG.

- **Encuestas y cuestionarios en línea:** se pueden utilizar herramientas de encuesta para recopilar comentarios directos de las partes interesadas sobre las iniciativas ESG y la eficacia de la comunicación.

INTERPRETACIÓN DE DATOS Y AJUSTE DE ESTRATEGIAS

Después de recopilar datos, el siguiente paso es interpretarlos para comprender el impacto real de las estrategias de comunicación ESG e identificar áreas de mejora. Las preguntas importantes a considerar incluyen:

- **¿Qué canales de comunicación están siendo más eficaces?**

- **¿Hay mensajes específicos que estén generando más engagement o reacciones positivas?**

- **¿Cómo pueden los datos recopilados informar sobre ajustes en las estrategias de comunicación para mejorar la participación y el alcance?**

Una vez establecidas las estrategias para medir el impacto de las comunicaciones ESG, el siguiente paso es garantizar que los informes de sostenibilidad y las comunicaciones ESG sean transparentes y creíbles a los ojos de las partes interesadas. En el próximo capítulo, " **INFORMES ESG TRANSPARENTES Y CREÍBLES** ", exploraremos cómo preparar y presentar informes que no solo cumplan con los estándares regulatorios y de mercado, sino que también generen confianza y refuercen el compromiso de una empresa con la sostenibilidad.

Recuerde: medir el impacto es una parte crucial del ciclo de comunicación ESG, ya que proporciona información valiosa que le permite optimizar continuamente sus estrategias para lograr los mejores resultados posibles. A medida que avanzamos, manténgase enfocado en cómo se puede utilizar cada conocimiento para mejorar la comunicación, el compromiso y, en última instancia, el impacto de las iniciativas ESG de su empresa.

# INFORMES ESG TRANSPARENTES Y CREÍBLES

En el camino hacia la comunicación eficaz de las iniciativas ESG, la transparencia y la credibilidad de los informes ESG desempeñan un papel fundamental. Estos informes no sólo sirven como una ventana a las prácticas de sostenibilidad de la empresa, sino también como una demostración del compromiso de la organización con la transparencia y la responsabilidad corporativa. Este capítulo cubrirá cómo preparar y presentar informes ESG que cumplan con los estándares regulatorios y de mercado, generando confianza y reforzando el compromiso con la sostenibilidad.

## ESTABLECIMIENTO DE LAS BASE PARA LA INFORMACIÓN TRANSPARENTE

La transparencia comienza con la adopción de estándares y marcos reconocidos para la presentación de informes ESG, como GRI ( Global Reporting Iniciativa ), SASB ( Junta de Normas de Contabilidad de Sostenibilidad ) y TCFD ( Grupo de Trabajo sobre Divulgaciones financieras relacionadas con el clima ). El uso de estos estándares como base garantiza que los informes sean comparables, confiables y relevantes para las partes interesadas.

## ELEMENTOS DE UN INFORME ESG CREÍBLE

Un informe ESG eficaz debe incluir:

- **Declaración de compromiso:** Un mensaje de la dirección de la empresa reafirmando el compromiso con la sostenibilidad.

- **Gobernanza:** Descripción de cómo se gobierna la sostenibilidad dentro de la organización, incluidas las estructuras de rendición de cuentas y los procesos de toma de decisiones.

- **Estrategia y objetivos:** Clara alineación entre la estrategia ESG de la compañía y sus objetivos de negocio a largo plazo.

- **Desempeño e impacto:** Detalles cuantitativos y cualitativos sobre el desempeño de la empresa frente a sus objetivos ESG, incluidos los impactos ambientales, sociales y de gobernanza.

- **Riesgos y oportunidades:** Análisis de los riesgos y oportunidades relacionados con ESG que enfrenta la empresa y cómo se están abordando.

- **Estudios de casos e historias:** ejemplos concretos de iniciativas ESG en acción, destacando éxitos, desafíos y aprendizajes.

- **Planes futuros:** Visión sobre cómo la compañía planea continuar avanzando en sus prácticas ESG.

GARANTIZAR LA CREDIBILIDAD

Para que un informe ESG se considere creíble, debe:

- **Estar basado en evidencia:** Todas las afirmaciones y datos presentados deben ser fácilmente verificables y estar basados en evidencia concreta.

- **Incluir verificación externa:** Cuando sea posible, incluir auditorías o verificaciones de terceros para validar la información del informe.

- **Sea transparente ante los desafíos:** No oculte las dificultades ni los fracasos. Ser abierto ante los desafíos aumenta la confianza de las partes interesadas en la sinceridad de la empresa.

Entendiendo la importancia y la metodología detrás de la creación de informes ESG transparentes y creíbles, el siguiente paso es afrontar situaciones adversas con la misma integridad. En el próximo capítulo, " **GESTIÓN DE CRISIS Y COMUNICACIÓN ESG** ", cubriremos estrategias para gestionar crisis relacionadas con cuestiones ESG y cómo comunicar eficazmente la respuesta de la empresa a tales eventos.

Recuerde: los informes ESG son un puente de confianza entre la empresa y sus grupos de interés. No sólo reflejan el desempeño pasado y presente, sino que también señalan el compromiso futuro con prácticas comerciales sostenibles y responsables. A medida que avanza, manténgase enfocado en reforzar la transparencia y la credibilidad en todas las formas de comunicación ESG.

# GESTIÓN DE CRISIS Y COMUNICACIÓN ESG

La gestión de crisis relacionadas con cuestiones ambientales, sociales y de gobernanza (ESG) es un componente fundamental para la resiliencia y la sostenibilidad a largo plazo de una empresa. Este capítulo cubrirá estrategias efectivas para gestionar las crisis ESG y cómo comunicar de manera proactiva la respuesta de la empresa, manteniendo la confianza y el apoyo de las partes interesadas incluso en tiempos difíciles.

PREPARACIÓN ANTE LA CRISIS

La mejor gestión de crisis comienza mucho antes de que surja una crisis. Eso incluye:

- **Evaluación de riesgos ESG:** Identificar proactivamente los riesgos ESG que la empresa puede afrontar y evaluar su impacto potencial.

- **Planes de respuesta a crisis:** Desarrollar planes de respuesta específicos para diferentes escenarios de crisis ESG, incluidas cadenas de mando y procedimientos de comunicación claros.

- **Capacitación y simulaciones:** realice capacitaciones periódicas y simulaciones de crisis con equipos clave para garantizar que estén preparados para actuar de manera eficiente.

RESPUESTA A UNA CRISIS

Cuando se produce una crisis, la rapidez y la claridad en la comunicación son fundamentales. Los siguientes pasos pueden ayudar a guiar su respuesta:

- **Comunicación interna rápida:** Informar a los equipos internos sobre la crisis y el plan de acción, asegurando que todos hablan el mismo idioma.

- **Declaración pública inicial:** Emitir una declaración pública lo antes posible, reconociendo la crisis y expresando el compromiso de afrontar la situación de forma transparente y responsable.

- **Actualizaciones periódicas:** proporcione actualizaciones periódicas sobre los esfuerzos de resolución de crisis, tanto interna como externamente.

- **Apoyo a los afectados:** Mostrar apoyo y ofrecer soluciones a los afectados directamente por la crisis.

COMUNICAR LA RESPUESTA

La forma en que una empresa se comunica durante y después de una crisis puede tener un impacto significativo en la percepción de las partes interesadas. Considerar:

- **Transparencia:** Ser transparente sobre lo que salió mal, las acciones tomadas para corregir el problema y lo que se hará para prevenir futuras crisis.

- **Responsabilidad:** Asumir la responsabilidad de la crisis, evitando culpar a terceros o circunstancias externas.

- **Compromiso de mejora:** Comunicar claramente los planes para mejorar las prácticas y prevenir la recurrencia de la crisis.

APRENDIENDO DE LA CRISIS

Una vez resuelta la crisis, es fundamental analizar qué sucedió, qué salió bien o mal en la respuesta y cómo se pueden mejorar los planes de comunicación y gestión de crisis. Esto puede incluir:

- **Revisión y análisis:** Realizar una revisión completa de la gestión de crisis y la eficacia de las comunicaciones.

- **Actualizaciones de planes de crisis:** Actualizar los planes de comunicación y gestión de crisis en función de las lecciones aprendidas.

- **Comunicación del aprendizaje:** Compartir el aprendizaje con los stakeholders, reforzando el compromiso de mejora continua.

Habiendo establecido estrategias sólidas para la gestión de crisis y la comunicación ESG, el siguiente paso es incorporar estas prácticas de responsabilidad y transparencia a la cultura interna de la compañía. En el próximo capítulo, " **COMUNICACIÓN INTERNA SOBRE PRÁCTICAS ESG** ", exploraremos la importancia de comunicar y cultivar la cultura ESG dentro de la empresa, involucrando a todos los niveles organizacionales.

Recuerde: una gestión eficaz de las crisis ESG no solo protege a la empresa de daños inmediatos, sino que también refuerza su compromiso con la sostenibilidad y la responsabilidad a largo plazo. A medida que avanza, concéntrese en generar resiliencia, confianza y transparencia en todas sus prácticas ESG.

# COMUNICACIÓN INTERNA SOBRE PRÁCTICAS ESG

La comunicación interna eficaz de las prácticas ESG es fundamental para cultivar una cultura corporativa que valore la sostenibilidad y la responsabilidad social. Este capítulo explora la importancia de involucrar a todos los niveles organizacionales en las iniciativas ESG, asegurando que el personal no solo esté informado sobre las acciones de la empresa, sino también motivado para contribuir a estos esfuerzos.

ESTABLECIMIENTO DE CANALES INTERNOS DE COMUNICACIÓN ASG

El primer paso para una comunicación interna eficaz es establecer canales dedicados a las prácticas ESG, como:

- **Intranet corporativa:** las secciones dedicadas a ESG en la intranet pueden proporcionar actualizaciones periódicas, recursos educativos y resaltar historias de éxito internas.

- **Reuniones y talleres:** las reuniones o talleres periódicos sobre temas ESG fomentan el diálogo abierto y el intercambio de ideas entre equipos.

- **Boletines internos:** los boletines centrados en ESG pueden destacar iniciativas, avances y formas para que los empleados participen activamente.

PROMOVER LA CULTURA ESG

Para que la comunicación interna sea efectiva es fundamental que la sostenibilidad y la responsabilidad social estén integradas en la cultura corporativa:

- **Liderazgo con el ejemplo:** El liderazgo debe demostrar un compromiso genuino con las prácticas ESG, comunicando su importancia y dando ejemplo.

- **Reconocimiento y recompensas:** Implementar programas de reconocimiento que premien las contribuciones de los empleados a los objetivos ESG de la empresa.

- **Formación y desarrollo:** Ofrecer oportunidades de formación que permitan a los empleados adquirir nuevas habilidades relacionadas con la sostenibilidad y la responsabilidad social.

INVOLUCRAR Y EMPODERAR A LOS EMPLEADOS

Una estrategia de comunicación interna ESG eficaz no solo informa, sino que también involucra y capacita a los empleados para tomar medidas:

- **Grupos de trabajo ESG:** Crear grupos de trabajo o comités ESG que permitan a los empleados participar activamente en el desarrollo e implementación de iniciativas.

- **Canales de retroalimentación:** Establecer canales donde los empleados puedan expresar sus ideas e inquietudes sobre las prácticas ESG, promoviendo un ambiente de trabajo inclusivo y colaborativo.

- **Iniciativas voluntarias:** Fomentar y facilitar la participación de los empleados en iniciativas voluntarias que apoyen los objetivos ESG de la empresa.

IMPACTO DE MEDICIÓN

Para evaluar la efectividad de la comunicación interna sobre las prácticas ESG, es importante medir el impacto de estas estrategias:

- **Encuestas de compromiso de los empleados:** realizar encuestas periódicas para medir el nivel de comprensión y compromiso de los empleados con las prácticas ESG.

- **Análisis de participación:** Monitorizar la participación en talleres, programas de formación e iniciativas voluntarias para evaluar el nivel de implicación activa de los empleados.

Al establecer una sólida comunicación interna sobre las prácticas ESG, la empresa está bien posicionada para explorar la siguiente etapa: utilizar la tecnología en la comunicación ESG. En el próximo capítulo, " **USO DE LA TECNOLOGÍA EN LA COMUNICACIÓN ESG** ", exploraremos cómo se pueden utilizar las herramientas y plataformas digitales para mejorar aún más la comunicación ESG, tanto interna como externamente.

Recuerde: un equipo bien informado y comprometido es la base del éxito de las iniciativas ESG. A medida que avanza, concéntrese en fortalecer esta base creando un entorno en el que cada empleado se sienta parte integral del recorrido ESG de la empresa.

# USO DE TECNOLOGÍA EN COMUNICACIÓN ESG

La integración de la tecnología en la comunicación ESG puede transformar la forma en que las empresas comparten sus iniciativas de sostenibilidad y responsabilidad social, tanto interna como externamente. Este capítulo analiza cómo se pueden utilizar las herramientas y plataformas digitales para amplificar los mensajes ESG, facilitar la participación de las partes interesadas y optimizar los procesos de gestión de la información ESG.

## PLATAFORMAS DIGITALES PARA EL COMPROMISO Y LA EDUCACIÓN

El uso de plataformas digitales ofrece una forma interactiva de involucrar a las partes interesadas en las iniciativas ESG de la empresa:

**Sitios web y micrositios ESG:** Crear una sección o micrositio dedicado a ESG en la web corporativa, donde los interesados puedan encontrar información detallada, informes de sostenibilidad y actualizaciones periódicas.

- **Aplicaciones móviles:** Desarrollar aplicaciones que permitan a los usuarios acceder a información ESG, participar en iniciativas de sostenibilidad y recibir notificaciones sobre nuevos proyectos o eventos.

## REDES SOCIALES PARA AMPLIAR MENSAJE

Las redes sociales son una herramienta poderosa para amplificar los mensajes ESG, permitiendo a las empresas llegar a una audiencia amplia y diversa:

- **Campañas temáticas:** lanzar campañas en las redes sociales centradas en temas ESG específicos, utilizando hashtags para aumentar la visibilidad y fomentar la participación.

- **Historias y vídeos:** comparta historias de éxito y vídeos que destaquen las iniciativas ESG de la empresa, haciendo que el contenido sea más accesible y atractivo.

## HERRAMIENTAS DE COLABORACIÓN INTERNA

La comunicación interna sobre ESG se puede mejorar mediante el uso de herramientas de colaboración en línea:

- **Plataformas de colaboración:** Utilice plataformas como Slack, Microsoft Teams o Google Workspace para crear canales dedicados a ESG, facilitando el intercambio de información y la colaboración en proyectos.

- **Webinars y reuniones virtuales:** Organizar webinars y reuniones virtuales para discutir iniciativas ESG, brindar capacitación y promover una cultura de sostenibilidad dentro de la organización.

## ANÁLISIS DE DATOS PARA ESTRATEGIAS INFORMADAS

La tecnología se puede utilizar para recopilar y analizar datos relacionados con las prácticas ESG, ayudando a las empresas a tomar decisiones informadas:

- **Herramientas analíticas:** implementar herramientas analíticas para medir el impacto y el alcance de las comunicaciones ESG, identificar tendencias y ajustar estrategias según sea necesario.

- **Software de gestión ESG:** adopte un software de gestión ESG para realizar un seguimiento del progreso hacia los objetivos de sostenibilidad y generar informes detallados.

Con las estrategias y herramientas tecnológicas implementadas para una comunicación ESG efectiva, el siguiente paso es explorar cómo formar asociaciones estratégicas para amplificar aún más el impacto de las iniciativas ESG. En el próximo capítulo, " **ASOCIACIONES ESTRATÉGICAS PARA AMPLIAR ESG** ", discutiremos cómo las colaboraciones con ONG, instituciones educativas y otras organizaciones pueden reforzar y validar las prácticas ESG de una empresa.

Recuerde: la tecnología es un poderoso aliado en la comunicación ESG, ya que ofrece nuevas formas de interactuar, informar e involucrarse. A medida que avanza, considere cómo se puede utilizar cada herramienta y plataforma no solo para difundir sus mensajes, sino también para fomentar un diálogo significativo y promover acciones para la sostenibilidad y la responsabilidad social.

# ALIANZAS ESTRATÉGICAS PARA AMPLIAR ESG

Formar asociaciones estratégicas es una forma eficaz de amplificar las iniciativas ESG, permitiendo a las empresas ampliar significativamente su alcance e impacto. Este capítulo analiza cómo las colaboraciones con ONG, instituciones educativas, otras empresas y organizaciones pueden reforzar y validar las prácticas ESG, así como aportar nuevas perspectivas y recursos a la empresa.

IDENTIFICAR SOCIOS POTENCIALES

La búsqueda de socios estratégicos debe comenzar con una evaluación cuidadosa de los objetivos ESG de la empresa y cómo una asociación puede ayudar a alcanzarlos. Los socios potenciales podrían incluir:

- **ONG ambientales y sociales:** Las organizaciones no gubernamentales centradas en cuestiones ambientales o sociales pueden ofrecer experiencia, credibilidad y acceso a redes de apoyo.

- **Instituciones educativas:** las universidades y escuelas técnicas pueden ser fuentes valiosas de investigación, innovación y talento joven motivado.

- **Empresas con valores similares:** las asociaciones con otras empresas que comparten compromisos ESG pueden dar lugar a proyectos colaborativos y al intercambio de mejores prácticas.

DESARROLLO DE RELACIONES MUTUAMENTE BENEFICIOSAS

Para que una asociación tenga éxito, es esencial que ambos socios vean beneficios claros de la colaboración. Esto puede incluir:

- **Proyectos conjuntos:** Desarrollar proyectos que alineen los objetivos ESG de la compañía con las misiones de sus socios, como iniciativas de reforestación o programas de educación comunitaria.

- **Compartir recursos:** Intercambiar conocimientos, tecnologías o recursos que puedan beneficiar a ambos socios.

- **Campañas de sensibilización conjunta:** Lanzar campañas de marketing o sensibilización que destaquen el trabajo conjunto y promuevan los objetivos ESG.

## COMUNICANDO LA ASOCIACIÓN

La comunicación sobre la asociación es crucial para garantizar que las partes interesadas reconozcan y valoren los esfuerzos conjuntos. Las estrategias incluyen:

- **Anuncios conjuntos:** Utilizar canales de comunicación de ambas partes para anunciar la alianza y sus objetivos.

- **Informes de progreso:** comparta actualizaciones periódicas sobre el progreso de proyectos conjuntos, destacando los éxitos y los aprendizajes.

- **Estudios de caso:** desarrollar estudios de caso detallados sobre proyectos específicos para ilustrar el impacto de la asociación.

## EVALUACIÓN DEL IMPACTO DE LA ASOCIACIÓN

Para garantizar que la asociación alcance sus objetivos ESG, es importante establecer métricas de evaluación claras y realizar revisiones periódicas del impacto de la colaboración. Esto puede incluir:

- **Medidas de impacto ambiental y social:** Evaluar el impacto directo de proyectos conjuntos sobre cuestiones ambientales o sociales específicas.

- **Comentarios de las partes interesadas:** recopilar comentarios de las partes interesadas internas y externas sobre la percepción y eficacia de la asociación.

- **Análisis ESG ROI:** Evaluar el retorno de la inversión en términos de mejoras en métricas ESG y percepción de marca.

Con estrategias para formar y aprovechar asociaciones

estratégicas bien establecidas, el siguiente paso es centrarse en el desarrollo interno, preparando a los líderes y portavoces de la empresa para comunicar eficazmente las prácticas ESG. En el próximo capítulo, " **FORMACIÓN DE PORTAVOZES ESG** ", exploraremos cómo preparar a las personas dentro de la organización para representar a la empresa y sus iniciativas ESG de una manera segura e informada.

Recuerde: las asociaciones estratégicas son un poderoso amplificador de las iniciativas ESG, ya que no solo aumentan el impacto de las acciones de una empresa sino que también construyen una red de apoyo que trasciende los límites organizacionales. A medida que avanzamos, considere cómo estas colaboraciones pueden enriquecer y ampliar el compromiso de su empresa con la sostenibilidad y la responsabilidad social.

# FORMACIÓN DE PORTAVOZES DE ESG

El éxito en la comunicación de iniciativas ESG depende significativamente de la habilidad y preparación de los portavoces de la empresa. Estas personas, ya sean líderes ejecutivos, gerentes de sostenibilidad u otros empleados designados, desempeñan un papel crucial a la hora de representar a la empresa y sus prácticas ESG ante el público, los medios y otras partes interesadas. Este capítulo se centra en cómo preparar eficazmente a los portavoces ESG, garantizando que se comuniquen de manera segura, informada y alineada con los valores y estrategias de la empresa.

IDENTIFICACIÓN DE PORTAVOZES ESG

La selección de portavoces ESG debe ser cuidadosa, buscando personas que:

- **Demostrar compromiso con ESG**: elija aquellos que realmente apoyen las prácticas ESG y puedan hablar de ellas con pasión.

- **Tener habilidades comunicativas:** Asegúrese de que tengan buenas habilidades de comunicación pública y sean capaces de transmitir mensajes complejos de forma clara y concisa.

- **Representar la diversidad:** Los portavoces deben reflejar la diversidad de la empresa y su comunidad, asegurando que las diversas perspectivas sean consideradas y respetadas.

DESARROLLO DE UN PROGRAMA DE FORMACIÓN

Un programa de formación eficaz para portavoces ESG debería abordar:

- **Conocimientos básicos de ESG:** Asegurar que todos los portavoces tengan un conocimiento sólido de los conceptos de ESG y cómo se aplican dentro de la empresa.

- **Comunicación de crisis:** Preparar portavoces para afrontar cuestiones difíciles y situaciones de crisis, enseñando técnicas de comunicación bajo presión.

- **Habilidades de presentación y entrevista:** brindar capacitación en habilidades de presentación y realización de entrevistas, incluido cómo responder a preguntas inesperadas o desafiantes.

MENSAJES CLAVE Y COHERENCIA

Es vital garantizar que todos los portavoces estén alineados con los mensajes ESG clave de la empresa, que incluyen:

- **Desarrollo de mensajes clave:** crear un conjunto de mensajes clave que todos los portavoces deben conocer y utilizar para garantizar la coherencia en todas las comunicaciones.

- **Actualizaciones periódicas:** proporcione a los portavoces actualizaciones periódicas sobre iniciativas ESG, avances y cambios de estrategia para que estén siempre informados.

PRÁCTICA Y RETROALIMENTACIÓN

La práctica es una parte esencial de la formación, que incluye:

- **Entrevistas y presentaciones simuladas:** Realizar sesiones prácticas que simulen entrevistas y presentaciones reales sobre ESG.

- **Comentarios constructivos:** proporcione comentarios constructivos después de las sesiones de práctica, centrándose en las áreas de mejora y reforzando las fortalezas.

Con portavoces bien capacitados y preparados para comunicar las iniciativas ESG de la empresa, el siguiente paso es integrar estas prácticas en el marketing y las comunicaciones generales de la empresa. En el siguiente capítulo, " **MARKETING DE CONTENIDOS Y ESG** ", analizaremos cómo utilizar el marketing de contenidos para educar, informar e involucrar al público sobre las iniciativas ESG de su empresa.

Recuerde: los portavoces de ESG son la cara humana de las iniciativas de sostenibilidad de su empresa. Tienen el poder no sólo de comunicar, sino también de inspirar acciones e impulsar cambios positivos. A medida que avanza, concéntrese en mantener a estas personas bien informadas, apoyadas y preparadas para resaltar el compromiso de su empresa con un futuro más sostenible.

# MARKETING DE CONTENIDOS Y ESG

El marketing de contenidos surge como una herramienta poderosa para las empresas que buscan no solo informar, sino también involucrar a sus audiencias en torno a las iniciativas ESG. Al crear contenido que sea a la vez informativo e inspirador, las empresas pueden crear conciencia sobre sus prácticas sostenibles, promover una imagen de marca responsable y fomentar la acción entre los consumidores, inversores y otras partes interesadas. Este capítulo explora cómo integrar eficazmente los criterios ESG en el marketing de contenidos de su empresa.

DEFINICIÓN DE LA ESTRATEGIA DE CONTENIDOS ESG

Una estrategia de marketing de contenidos centrada en ESG debe comenzar con una comprensión clara de los objetivos de la empresa en materia de sostenibilidad y responsabilidad social, así como de las expectativas e intereses de su audiencia. Los elementos esenciales incluyen:

- **Identificar temas centrales:** basar la estrategia de contenido en temas ESG que sean centrales para la misión y los valores de la empresa, y que resuenan en su audiencia.

- **Establecer objetivos claros:** Establecer lo que la empresa espera lograr con su marketing de contenidos ESG, ya sea crear conciencia sobre iniciativas específicas, educar al público sobre temas de sostenibilidad o promover acciones sostenibles.

CREACIÓN DE CONTENIDO ATRACTIVO Y AUTÉNTICO

El contenido ESG debe ser atractivo y auténtico para captar la atención y ganarse la confianza de la audiencia:

- **Historias de impacto:** comparta historias reales sobre el impacto de las iniciativas ESG de la empresa, destacando historias de éxito y aprendizajes.

- **Contenido educativo:** producir artículos de blog, videos e infografías que eduquen al público sobre cuestiones ambientales, sociales y de gobernanza, y cómo las acciones individuales y corporativas pueden marcar la diferencia.

- **Transparencia:** Ser transparente sobre los desafíos y avances en los objetivos ESG, construyendo una narrativa honesta sobre el viaje de sostenibilidad de la empresa.

## DIVERSIFICAR FORMATOS DE CONTENIDO

Para llegar a una audiencia amplia e involucrarla de diferentes maneras, diversifique sus formatos de contenido:

- **Vídeos y seminarios web:** aproveche el poder de los vídeos y seminarios web para contar historias visuales interesantes o educar sobre temas ESG.

- **Estudios de casos e informes:** Desarrollar informes y estudios de casos detallados que profundicen en iniciativas ESG específicas y sus impactos.

- **Publicaciones en redes sociales:** utilice las redes sociales para compartir contenido ESG de forma rápida y amplia, fomentando el intercambio y el debate.

## MEDICIÓN DEL ÉXITO

Para evaluar la eficacia de su estrategia de marketing de contenidos ESG, es importante establecer métricas de éxito y monitorear el desempeño con regularidad. Esto puede incluir:

- **Análisis de engagement:** Monitorear el engagement con contenidos ESG en redes sociales, blogs y otros canales digitales.

- **Comentarios de la audiencia:** recopile y analice comentarios directos de la audiencia sobre el contenido ESG, utilizando esta información para ajustar la estrategia según sea necesario.

- **Impacto en la percepción de la marca:** Evaluar cómo el marketing de contenidos ESG afecta la percepción general de la marca y la reputación de sostenibilidad.

Al implementar una estrategia de marketing de contenidos ESG sólida y eficaz, la empresa prepara el escenario para destacar aún más sus iniciativas y su compromiso con la sostenibilidad. En el próximo capítulo, " **EVENTOS E INICIATIVAS ESG** ", exploraremos cómo organizar y ejecutar eventos que impulsen las iniciativas ESG de la empresa e involucren activamente a las partes interesadas.

Recuerde: el marketing de contenidos ESG no es solo una forma de comunicar lo que la empresa está haciendo en términos de sostenibilidad; Es una oportunidad para inspirar acciones, promover cambios positivos y fortalecer las conexiones con las partes interesadas a través de valores compartidos.

# EVENTOS E INICIATIVAS ESG

Los eventos e iniciativas específicos son excelentes maneras de resaltar el compromiso de una empresa con las prácticas ESG, crear conciencia e involucrar a las partes interesadas de una manera directa y significativa. Este capítulo cubre cómo planificar y ejecutar eventos que no solo promuevan las iniciativas ESG de una empresa, sino que también fomenten la participación activa de los empleados, clientes, inversores y la comunidad local.

PLANIFICACIÓN DE EVENTOS ESG

Una planificación cuidadosa es esencial para garantizar que los eventos ESG sean exitosos y generen el impacto deseado. Las consideraciones importantes incluyen:

- **Establecimiento de objetivos:** aclare lo que espera lograr con el evento, ya sea crear conciencia sobre una iniciativa específica, fomentar acciones sostenibles o involucrar a la comunidad.

- **Público objetivo:** Identifica a quién quieres llegar con el evento y adapta el contenido y formato para satisfacer sus expectativas e intereses.

- **Formato del evento:** Decide si el evento será presencial, virtual o híbrido, considerando el alcance deseado y las restricciones logísticas.

TIPOS DE EVENTOS E INICIATIVAS ESG

Existen varios tipos de eventos e iniciativas que se pueden organizar para promover las prácticas ESG:

- **Talleres y seminarios educativos:** centrados en educar a los participantes sobre cuestiones de sostenibilidad y cómo pueden contribuir a la acción positiva.

- **Jornadas de voluntariado corporativo:** Incentivar a los empleados y miembros de la comunidad a involucrarse directamente en proyectos locales de sostenibilidad o responsabilidad social.

- **Ferias de sostenibilidad:** exhiben productos o innovaciones sostenibles y promueven debates sobre prácticas comerciales verdes y responsables.

- **Campañas de sensibilización:** iniciativas específicas para crear conciencia sobre cuestiones ambientales o sociales críticas, a menudo alineadas con fechas conmemorativas o días internacionales de sensibilización.

PARTICIPACIÓN DE LOS INTERESADOS

Para maximizar el impacto de los eventos e iniciativas ESG, es crucial involucrar efectivamente a las partes interesadas:

- **Comunicación previa al evento:** Utilice todos los canales disponibles para promocionar el evento con antelación, destacando la importancia del tema y cómo los participantes pueden beneficiarse.

- **Participación activa:** Fomentar la participación activa durante el evento, ya sea a través de sesiones de preguntas y respuestas, talleres interactivos o actividades grupales.

- **Comentarios posteriores al evento:** recopile comentarios de los asistentes para evaluar el éxito del evento e identificar áreas de mejora.

IMPACTO DE MEDICIÓN

Evaluar el impacto de los eventos ESG es fundamental para comprender su éxito y cómo se pueden mejorar en el futuro:

- **Análisis de participación:** Monitorear el número de participantes y el nivel de engagement durante el evento.

- **Retroalimentación cualitativa:** Analizar las percepciones y sugerencias de los participantes para comprender el valor agregado del evento.

- **Impacto a largo plazo:** Evaluar el impacto sostenido del evento en las prácticas ESG de la empresa y la percepción de las partes interesadas.

Después de ejecutar con éxito eventos e iniciativas ESG, el siguiente paso es incorporar estos esfuerzos en las estrategias multimedia y de comunicación visual de la empresa. En el próximo capítulo, " **COMUNICACIÓN VISUAL Y ESG** ", exploraremos la importancia del diseño visual y multimedia para comunicar mensajes ESG de manera efectiva y atractiva.

Recuerde: los eventos e iniciativas ESG son oportunidades no solo para educar y participar, sino también para demostrar el compromiso de su empresa con la sostenibilidad y la responsabilidad social en acciones concretas. A medida que avanza, concéntrese en crear eventos que inspiren, informen y caticen cambios positivos dentro y fuera de la organización.

# COMUNICACIÓN VISUAL Y ESG

La comunicación visual desempeña un papel clave a la hora de hacer que los mensajes ESG sean más accesibles, atractivos y memorables para una audiencia amplia. La utilización eficaz de diseño gráfico, vídeos y otros elementos visuales puede amplificar significativamente el impacto de las iniciativas ESG, facilitando la comprensión y el compromiso de las partes interesadas. Este capítulo explora estrategias para integrar las comunicaciones visuales en las prácticas ESG, destacando la importancia de la estética visual y la multimedia.

LA IMPORTANCIA DE LA COMUNICACIÓN VISUAL EN ESG

- **Mayor comprensión:** los elementos visuales pueden ayudar a simplificar conceptos ESG complejos, haciéndolos más fáciles de entender para el público.

- **Mayor participación:** es más probable que el contenido visual atractivo sea notado y compartido, lo que aumenta el alcance y la participación de los mensajes ESG.

- **Refuerzo de mensajes:** las imágenes y los vídeos pueden reforzar los mensajes escritos, ayudando a las partes interesadas a retener información importante sobre las iniciativas ESG.

DESARROLLO DE CONTENIDO VISUAL EFECTIVO

Al desarrollar contenido visual para la comunicación ESG, considere los siguientes elementos:

- **Autenticidad:** Garantizar que el contenido visual refleje genuinamente las iniciativas y valores ESG de la empresa, evitando imágenes genéricas que puedan parecer inconexas o poco sinceras.

- **Claridad y sencillez:** Los dibujos y gráficos deben ser claros y fáciles de interpretar, transmitiendo el mensaje sin sobrecargar al espectador con información compleja.

- **Historia visual:** Utilice narrativas visuales para contar la historia de las iniciativas ESG de la empresa, creando una conexión emocional con la audiencia.

## USO DE MÚLTIPLES CANALES PARA LA DIFUSIÓN VISUAL

Para maximizar el impacto del contenido visual ESG, es importante distribuirlo a través de múltiples canales:

- **Redes sociales:** plataformas como Instagram, Facebook y Twitter son ideales para compartir imágenes y videos que destacan las prácticas ESG.

- **Blogs y sitios web corporativos:** la incorporación de elementos visuales en publicaciones de blogs y páginas web dedicadas a ESG puede enriquecer la experiencia del usuario y proporcionar conocimientos más profundos.

- **Informes y presentaciones:** incluya gráficos, infografías y fotografías en los informes y presentaciones ESG para hacerlos más atractivos e informativos visualmente.

## MEDIR EL IMPACTO DEL CONTENIDO VISUAL

Para evaluar la eficacia del contenido visual en la comunicación de mensajes ESG, considere:

- **Análisis de participación:** supervise la participación con contenido visual en las redes sociales y otros canales, incluidos me gusta, acciones y comentarios.

- **Comentarios de las partes interesadas:** recopile comentarios directos de las partes interesadas sobre la eficacia del contenido visual a la hora de transmitir mensajes ESG.

- **Análisis de alcance:** Evaluar el alcance del contenido visual y su impacto en la sensibilización sobre las iniciativas ESG de la compañía.

Con una estrategia de comunicación visual y ESG bien desarrollada, el siguiente paso es adaptar y optimizar estas prácticas para el contexto global. En el próximo capítulo, " **ADAPTACIÓN DE LA COMUNICACIÓN ESG AL CONTEXTO GLOBAL** ", exploraremos cómo las empresas multinacionales pueden adaptar sus comunicaciones ESG a diferentes culturas y normas locales, garantizando que los mensajes sean relevantes y resuenen en audiencias globales.

Recuerde: la comunicación visual no es sólo un complemento, sino una parte integral de la estrategia de comunicación ESG. A medida que avanza, utilice el poder de las imágenes, los videos y el diseño para dar vida a las iniciativas ESG de su empresa, creando conexiones más profundas y duraderas con sus partes interesadas.

# ADAPTACIÓN DE LA COMUNICACIÓN ESG AL CONTEXTO GLOBAL

Las empresas multinacionales enfrentan el desafío único de comunicar sus iniciativas ESG de una manera que sea relevante y resonante en diversos contextos culturales y geográficos. Adaptar los mensajes ESG para cumplir con las expectativas y normas locales no es solo una cuestión de traducción; Implica una comprensión profunda de los valores, preocupaciones y comportamientos específicos de cada región. Este capítulo explora estrategias para adaptar la comunicación ESG al contexto global, asegurando que las prácticas de sostenibilidad de una empresa se comuniquen de manera efectiva en todo el mundo.

ENTENDIENDO LAS DIFERENCIAS CULTURALES Y NORMATIVAS

Antes de adaptar las comunicaciones ESG, es fundamental comprender las diferencias culturales y regulatorias que pueden influir en cómo se reciben los mensajes en diferentes regiones:

- **Investigación cultural:** realizar investigaciones para comprender las actitudes, valores y preocupaciones específicos relacionados con ESG en diferentes culturas.

- **Estándares legales y regulatorios:** Estar al tanto de los diferentes estándares legales y regulatorios en materia ESG que pueden existir en los diferentes países.

ESTRATEGIAS DE COMUNICACIÓN ADAPTADA

Una vez que se comprenden los matices culturales y regulatorios, las empresas pueden emplear varias estrategias para adaptar sus comunicaciones ESG:

- **Mensajería personalizada:** desarrolle mensajes que resuenen con preocupaciones locales específicas, utilizando ejemplos y estudios de casos relevantes para la región.

- **Participación local:** Involucrar a representantes locales en el proceso de comunicación, asegurando que los mensajes se presenten de una manera culturalmente apropiada y atractiva.

- **Adaptación visual:** ajustar el contenido visual, como imágenes y gráficos, para reflejar la diversidad cultural y garantizar que sea apropiado y relevante para las audiencias locales.

## DESAFÍOS DE LA COMUNICACIÓN GLOBAL

Al adaptar la comunicación ESG al contexto global, las empresas pueden enfrentar varios desafíos, entre ellos:

- **Equilibrio entre coherencia y personalización:** Mantener un mensaje de marca globalmente coherente, adaptándose a las necesidades y expectativas locales.

- **Riesgos de malentendidos culturales:** Evitar malentendidos u ofensas que puedan surgir por diferencias culturales no reconocidas.

- **Logística de comunicaciones:** gestione la logística de distribución de comunicaciones personalizadas en múltiples regiones e idiomas.

## MEDICIÓN DEL IMPACTO Y AJUSTE DE LAS ESTRATEGIAS

Es importante medir el impacto de las comunicaciones ESG adaptadas para garantizar su eficacia y realizar los ajustes necesarios:

- **Comentarios locales:** recopilar comentarios de las partes interesadas locales para evaluar la relevancia y el impacto de las comunicaciones.

- **Análisis de participación:** monitorear la participación con contenido ESG en diferentes regiones para identificar qué funciona bien y qué necesita ajustes.

- **Revisiones continuas:** realizar revisiones periódicas de las estrategias de comunicación para garantizar que sigan siendo relevantes y efectivas en diferentes contextos culturales y regulatorios.

Con un enfoque cuidadosamente adaptado a la comunicación ESG en un contexto global, el siguiente paso es abordar los desafíos comunes que se encuentran al comunicar iniciativas ESG. En el próximo capítulo, " **DESAFÍOS COMUNES EN LA COMUNICACIÓN ESG** ", discutiremos cómo identificar, enfrentar y superar los obstáculos que a menudo se encuentran al comunicar prácticas de sostenibilidad y responsabilidad social.

Recuerde: una comunicación ESG eficaz a escala global no se trata solo de traducir mensajes de un idioma a otro, sino de adaptar esos mensajes para que resuenen con matices culturales y cumplan con expectativas específicas. A medida que avanza, concéntrese en crear comunicaciones que sean verdaderamente globales en su alcance pero localmente relevantes en su impacto.

# DESAFÍOS COMUNES EN LA COMUNICACIÓN ESG

Comunicar eficazmente las iniciativas ESG puede presentar una variedad de desafíos, desde superar la percepción de "lavado verde" hasta involucrar a partes interesadas con diferentes niveles de interés y comprensión sobre ESG. Este capítulo aborda estos desafíos comunes y proporciona estrategias para abordarlos y superarlos, asegurando que la comunicación de las prácticas de sostenibilidad y responsabilidad social de la empresa sea efectiva e impactante.

## SUPERAR LA PERCEPCIÓN DE "GREENWASHING"

Uno de los mayores desafíos en la comunicación ESG es evitar la percepción de "lavado verde", la práctica de hacer afirmaciones ambientales sin fundamento para mejorar la imagen pública de una empresa. Para superar este desafío:

- **Basar las comunicaciones en evidencia:** garantizar que todas las afirmaciones ESG estén respaldadas por datos y evidencia claros.
- **Sea transparente sobre los desafíos**: comunique abiertamente sobre los desafíos y limitaciones, además de los éxitos, para generar confianza y credibilidad.

## INVOLUCRAR A DIVERSOS ACTORES INTERESADOS

Las partes interesadas van desde empleados y clientes hasta inversores y comunidades locales, cada uno con diferentes expectativas y niveles de comprensión sobre ESG. Las estrategias para participar eficazmente incluyen:

- **Mensajes personalizados:** Adaptar la comunicación para satisfacer los intereses específicos de los diferentes grupos de interés.
- **Utilizar múltiples canales:** emplear una variedad de canales de comunicación para llegar e involucrar a las partes interesadas donde son más activas.

## NAVEGANDO ESTÁNDARES REGULATORIOS Y EXPECTATIVAS

A medida que el panorama regulatorio para la sostenibilidad empresarial continúa evolucionando, cumplir y comunicarse de manera efectiva con respecto a las regulaciones puede ser un desafío. Las estrategias útiles incluyen:

- **Manténgase actualizado:** esté atento a los cambios en las regulaciones ESG locales y globales.

- **Comunicación clara de cumplimiento:** asegúrese de comunicar claramente cómo su empresa cumple o supera los estándares regulatorios.

## COMBATIR LA FATIGA DE LA SOSTENIBILIDAD

Con una mayor atención a la sostenibilidad, algunas audiencias pueden experimentar "fatiga de la sostenibilidad", volviéndose insensibles a los mensajes sobre ESG. Para combatir esto:

- **Innovar en la mensajería:** encontrar formas nuevas y creativas de comunicar sobre ESG que capten la atención y revitalicen el interés.

- **Enfatizar las acciones y el impacto:** centrarse en comunicar acciones concretas y su impacto real, en lugar de solo intenciones o compromisos.

## CONSTRUYENDO NARRATIVAS EFICACES

Construir una narrativa convincente que comunique el recorrido ESG de una empresa puede resultar difícil, pero es esencial para una comunicación eficaz. Para eso:

- **Contar historias reales:** utilice estudios de casos reales e historias de éxito para ilustrar el impacto de las iniciativas ESG.

- **Mostrar el progreso a lo largo del tiempo:** Documentar y compartir el progreso continuo de las iniciativas ESG, mostrando la evolución y el compromiso a largo plazo de la empresa.

Una vez cubiertas las estrategias para superar los desafíos comunes en la comunicación ESG, el siguiente paso es observar ejemplos reales de éxito.

En el próximo capítulo, " **TENDENCIAS FUTURAS EN LA COMUNICACIÓN ESG** ", exploraremos las innovaciones y enfoques que están dando forma al futuro de la comunicación de prácticas de sostenibilidad y responsabilidad social.

Recuerde: comprender y aplicar las lecciones de estudios de casos exitosos puede brindarle dirección e inspiración valiosas para mejorar sus propias estrategias de comunicación ESG, lo que permitirá a su empresa no solo contar su historia de sostenibilidad de manera efectiva, sino también inspirar acciones y cambios positivos.

# TENDENCIAS FUTURAS EN COMUNICACIÓN ESG

A medida que el mundo evoluciona, también lo hace el campo de las comunicaciones ESG, con nuevas tendencias que surgen en respuesta a las expectativas cambiantes de las partes interesadas, los avances tecnológicos y los desafíos globales. Este capítulo explora algunas de estas tendencias futuras que están comenzando a dar forma al futuro de la comunicación de prácticas de sostenibilidad y responsabilidad social en las empresas.

REALIDAD AUMENTADA (AR) Y REALIDAD VIRTUAL (VR)

AR y VR ofrecen nuevas formas inmersivas de comunicar iniciativas ESG, permitiendo a las partes interesadas "experimentar" los impactos ambientales y sociales de manera más directa. Esto podría incluir visitas virtuales a instalaciones de energía renovable o simulaciones que muestren los efectos del calentamiento global, proporcionando una comprensión más profunda y emocional de los desafíos y las soluciones.

INTELIGENCIA ARTIFICIAL (IA) Y ANÁLISIS DE DATOS

La inteligencia artificial y el análisis de datos se están convirtiendo en herramientas cada vez más importantes para personalizar las comunicaciones ESG, lo que permite a las empresas segmentar de manera más efectiva sus audiencias y ofrecer contenido relevante que aborde las preocupaciones e intereses específicos de las partes interesadas. Además, la IA puede ayudar a monitorear y analizar el desempeño ESG en tiempo real, ofreciendo información que se puede comunicar de manera transparente y actualizada.

PLATAFORMAS DE PARTICIPACIÓN PARTICIPATIVA

Las plataformas en línea que promueven el compromiso participativo, como foros de discusión y herramientas de financiación colectiva, están ganando popularidad como formas de involucrar a las partes interesadas en iniciativas ESG. Estas plataformas permiten a las empresas recopilar ideas, comentarios e incluso soluciones innovadoras de una amplia comunidad, creando un sentido de propiedad compartida y compromiso con las prácticas de sostenibilidad.

## COMUNICACIÓN BASADA EN VALORES

A medida que los consumidores se vuelven más conscientes y exigentes con las prácticas comerciales, la comunicación basada en valores, que enfatiza la alineación entre los valores de la empresa y las preocupaciones sociales y ambientales de las partes interesadas, se volverá aún más crítica. Esto implica comunicar no sólo lo que la empresa está haciendo en términos de ESG, sino también por qué estas acciones reflejan sus valores fundamentales.

## TRANSPARENCIA A TRAVÉS DE BLOCKCHAIN

La tecnología Blockchain ofrece nuevas oportunidades para aumentar la transparencia en las prácticas ESG al proporcionar un registro inmutable y verificable de acciones y resultados. Esto puede incluir todo, desde la trazabilidad de la cadena de suministro hasta la verificación de créditos de carbono, ofreciendo a las partes interesadas pruebas irrefutables del compromiso de la empresa con prácticas sostenibles y responsables.

Dado que estas tendencias futuras configuran el horizonte de las comunicaciones ESG, el siguiente paso es reflexionar sobre cómo estas innovaciones pueden integrarse en las estrategias de comunicación de su empresa para crear conversaciones más ricas, un compromiso más profundo y acciones más significativas. En el próximo capítulo, " **CONSTRUIR UNA CARRERA EN CONSULTORÍA ESG** ", centraremos nuestra atención en el desarrollo profesional, explorando cómo las personas pueden construir o avanzar en sus carreras en el creciente campo de la consultoría ESG.

Recuerde: si bien el futuro de la comunicación ESG está siendo moldeado por los avances tecnológicos y las expectativas cambiantes de las partes interesadas, el núcleo de una comunicación eficaz sigue siendo la autenticidad, la transparencia y el compromiso con la acción. Mientras se prepara para el futuro, siga buscando formas innovadoras de compartir el recorrido ESG de su empresa, inspirando a todos los involucrados a unirse a usted en este camino hacia la sostenibilidad.

# CONSTRUYENDO UNA CARRERA EN CONSULTORÍA ESG

A medida que la importancia de las prácticas ESG continúa creciendo en el mundo empresarial, existe una creciente demanda de profesionales calificados capaces de guiar a las empresas en su camino hacia la sostenibilidad y la responsabilidad social. Este capítulo está dedicado a todos aquellos que quieran desarrollar o avanzar en su carrera en el campo de la consultoría ESG, brindando información sobre las habilidades necesarias, oportunidades de desarrollo y consejos para el éxito profesional.

ENTENDIENDO EL CAMPO DE LA CONSULTORÍA ESG

La consultoría ESG implica asesorar a las empresas sobre cómo incorporar prácticas ambientales, sociales y de gobernanza en sus operaciones y estrategias comerciales. Esto puede incluir:

- **Evaluación de riesgos ESG:** Identificar y evaluar riesgos relacionados con factores ambientales, sociales y de gobierno que puedan afectar a la empresa.

- **Desarrollo de estrategias ESG:** Asistir en el desarrollo de estrategias que alineen las operaciones y objetivos comerciales de la empresa con los principios de sostenibilidad.

- **Implementación y seguimiento de prácticas ESG:** Ayudar a las empresas a implementar prácticas ESG y monitorear su progreso y efectividad.

HABILIDADES REQUERIDAS PARA LOS CONSULTORES ESG

Para convertirse en un consultor ESG exitoso, se requieren algunas habilidades clave:

- **Conocimiento técnico en ESG:** comprensión profunda de los temas ESG y las tendencias actuales en el campo de la sostenibilidad.

- **Habilidades analíticas:** Capacidad para analizar información y datos complejos para evaluar el desempeño ESG de una empresa e identificar áreas de mejora.

- **Comunicación efectiva:** Capacidad para comunicar conceptos ESG de forma clara y persuasiva, tanto por escrito como verbalmente, a una variedad de audiencias.

- **Habilidades de liderazgo y gestión de proyectos:** Capacidad para liderar y gestionar proyectos ESG, coordinando equipos multidisciplinares y asegurando la entrega de resultados en los plazos establecidos.

- **Sensibilidad y adaptabilidad cultural:** para los consultores que trabajan en un contexto global, es crucial comprender las diferencias culturales y la capacidad de adaptar los enfoques ESG a contextos locales específicos.

OPORTUNIDADES DE DESARROLLO PROFESIONAL

El campo de la consultoría ESG ofrece varias oportunidades de desarrollo profesional:

- **Educación continua:** Participar en cursos, talleres y seminarios especializados en ESG para mejorar conocimientos y habilidades.

- **Certificaciones profesionales:** Obtener certificaciones reconocidas en el campo ESG puede aumentar la credibilidad y las oportunidades profesionales.

- **Red:** cree una red de contactos en el campo ESG asistiendo a conferencias, eventos de la industria y foros de discusión en línea.

CONSEJOS PARA EL ÉXITO EN UNA CARRERA DE CONSULTORÍA ESG

- **Especialízate:** Considerando la amplitud del campo ESG, especializarte en un área específica (como sostenibilidad ambiental, responsabilidad social o gobierno corporativo) puede diferenciarte en el mercado.

- **Demostrar impacto:** desarrolle una cartera que demuestre su impacto en proyectos ESG anteriores, incluidos los desafíos superados y los resultados obtenidos.

- **Manténgase informado:** el campo de ESG está en constante evolución. Mantenerse actualizado sobre las últimas tendencias, regulaciones y mejores prácticas es esencial.

- **Desarrollar una mentalidad estratégica:** además del conocimiento técnico, es crucial desarrollar una mentalidad estratégica que pueda conectar las prácticas ESG con los objetivos comerciales más amplios de una empresa.

Con las herramientas, el conocimiento y las habilidades necesarias para sobresalir en la consultoría ESG, el siguiente paso es aplicar estos conocimientos en la práctica, contribuyendo a la transformación de las empresas hacia operaciones más sostenibles y responsables. En el próximo capítulo, " **EL VIAJE HACIA UNA COMUNICACIÓN ESG EFECTIVA** ", reflexionaremos sobre la importancia actual de desarrollar e implementar estrategias de comunicación ESG para empresas conscientes.

Recuerde: iniciar una carrera en consultoría ESG no es solo una oportunidad profesional, sino también una oportunidad de contribuir significativamente a un futuro más sostenible y justo. A medida que avanza, comprométase a aprender, crecer y marcar la diferencia en el mundo, un proyecto ESG a la vez.

# EL CAMINO HACIA UNA COMUNICACIÓN ASG EFECTIVA

A lo largo de esta guía, exploramos la complejidad y la importancia de desarrollar e implementar estrategias de comunicación efectivas para empresas comprometidas con las prácticas ESG. Desde comprender los fundamentos de ESG hasta adaptar estrategias a un contexto global, enfatizamos la necesidad de autenticidad, transparencia y compromiso en la comunicación de iniciativas de sostenibilidad y responsabilidad social.

REFLEXIÓN DEL VIAJE

Este viaje nos ha llevado a reconocer que la comunicación ESG no es sólo una cuestión de informar acciones o cumplir regulaciones; se trata de contar una historia que resuene entre las partes interesadas, inspirando confianza, acción y cambio. Los capítulos anteriores han proporcionado una base sólida para comprender cómo se puede comunicar de manera efectiva cada aspecto de las prácticas ESG, desde la selección de canales de comunicación hasta el abordaje de desafíos comunes.

MIRANDO HACIA EL FUTURO

A medida que avancemos, está claro que la comunicación ESG seguirá evolucionando. Las tendencias emergentes, como el uso de tecnologías avanzadas y la creciente demanda de transparencia, darán forma a las estrategias futuras. Para mantenerse a la vanguardia, las empresas deberán ser ágiles, adaptables y comprometidas con la mejora continua de sus prácticas de sostenibilidad.

MARCANDO LA DIFERENCIA

Cada uno de nosotros tiene un papel que desempeñar en la promoción de un futuro más sostenible. Ya sea como consultores, comunicadores o ciudadanos conscientes, nuestro enfoque de la comunicación ESG puede influir significativamente en la forma en que se perciben e implementan las prácticas de sostenibilidad. Comprometerse con la educación continua, la búsqueda de la innovación y la colaboración entre industrias y culturas son pasos esenciales para marcar la diferencia.

Esta guía es una invitación a explorar, aprender y crecer en el área de las comunicaciones ESG. Agradecemos a todos los que se embarcaron en este viaje con nosotros, buscando no solo mejorar sus habilidades profesionales, sino también contribuir al cambio positivo en el mundo. Juntos, podemos abordar los desafíos de sostenibilidad de nuestro tiempo e inspirar a otros a unirse a nosotros en esta causa crucial.

Recuerde, el camino hacia una comunicación ESG eficaz es continuo y está lleno de oportunidades de innovación e impacto. Lo alentamos a continuar buscando conocimiento, compartiendo sus experiencias y trabajando para integrar las prácticas ESG en el corazón de las estrategias comerciales y de comunicación. Al hacerlo, no sólo fortaleceremos las marcas y empresas para las que trabajamos, sino que también contribuiremos a un mundo más justo, sostenible y próspero para todos.

Con este capítulo final, esperamos haberle brindado las herramientas y la inspiración que necesita para avanzar en su viaje de comunicaciones ESG, armado con el conocimiento, las habilidades y la pasión para marcar la diferencia. El futuro de la sostenibilidad en las empresas está en nuestras manos y juntos podemos crear una narrativa de cambio positivo y duradero.

Al pasar juntos la página final de este viaje, espero sinceramente que los aprendizajes compartidos aquí hayan tocado su corazón y hayan generado nuevas perspectivas. Si este libro le ha aportado algún valor, le pido que se tome unos minutos para dejar una reseña en Amazon. Tus palabras no sólo me ayudan a crecer y perfeccionar mi oficio, sino que también guían a otros lectores en su búsqueda de conocimiento e inspiración. Tu opinión es un regalo valioso, tanto para mí como para la comunidad de lectores que buscan historias que transformen. Sinceramente les agradezco por compartir este viaje conmigo y espero que podamos volver a encontrarnos en las páginas de una nueva aventura.

# REGINALDO OSNILDO

Hola, soy Reginaldo Osnildo, autor e innovador en el campo de las ventas, la tecnología y las estrategias de comunicación. Mi experiencia abarca desde el ámbito académico, como profesor e investigador en la Universidad del Sur de Santa Catarina, hasta el desarrollo estratégico de estrategias en el Grupo Catarinense de Radio. Con un doctorado en narrativas de ventas y convergencia digital, y una maestría en narración de historias e imaginario social, ofrezco a mis lectores una combinación única de teoría y práctica. Mi objetivo es transmitir conocimientos en un lenguaje sencillo, práctico y didáctico, fomentando su aplicación directa en la vida personal y profesional.

Tuyo sinceramente

**Reginaldo Osnildo**

**+55 48 991913865**

**reginaldoosnildo@gmail.com**

www.ingramcontent.com/pod-product-compliance
Lightning Source LLC
Chambersburg PA
CBHW050115230526
45470CB00004B/1846